Ti hanno chiesto di parlare?   Sei obbligato a Parlare?   Desideri Parlare?

60 MINUTI

PER PARLARE

MEGLIO IN

PUBBLICO

KEVIN ABDULRAHMAN

"IL COACH DI PUBLIC SPEAKING DELLE STAR"

Gran parte delle persone non
sostiene di poter ottenere
Risultati Rapidi.

Io sì.

INFORMAZIONI SULL'AUTORE

Il Coach di Public Speaking delle Star

La lunga lista di clienti di Kevin Abdulrahman include Attori, Associati, Ambasciatori, Consiglieri, Direttori Generali, Amministratori Delegati, Direttori, Imprenditori, Alti Dirigenti, Leader di Pensiero, Soci, Presidenti e Membri della Famiglia Reale.

INTRODUZIONE

L'investimento migliore che tu possa fare, è quello su te stesso.

In qualità di oratore e ambasciatore internazionale, posso dirti con certezza che l'importanza di esprimersi con impatto è cruciale.

Conosco Kevin da diversi anni ormai. È noto per le sue abilità di formazione di leader mondiali nell'ambito della comunicazione e del public speaking.

La forza e il talento di Kevin sono da ricercarsi nella sua capacità di stabilire un contatto e trasferire agli altri le sue conoscenze.

Ho trovato la lettura di questo libro molto piacevole, perché Kevin è sempre stato un maestro nel rendere le sue lezioni di public speaking divertenti e centrate sul tema. In uno dei suoi capitoli parla di "dipingere" e, per esperienza personale, posso dire che l'applicazione di quest'idea, da sola, è stata in grado di fare una gran differenza nei discorsi pubblici in cui mi esibisco in ogni parte del mondo.

I più grandi individui, professionisti e leader, vengono spesso ricordati per le loro elevate capacità oratorie.

Sono finiti i giorni in cui era possibile nascondersi dietro una scrivania.

Se vuoi essere preso sul serio, ottenere finanziamenti per un progetto, persuadere i membri del tuo team, divenire una guida influente e parlare al fine di essere ascoltato, allora hai bisogno di migliorare le tue capacità di public speaking.

Al giorno d'oggi è diventato ormai impossibile non trovarsi nella condizione di essere tenuti o obbligati a parlare in pubblico. Come afferma Kevin stesso, *non si può fuggire dal public speaking.*

Kevin ha preso un argomento serio (e temuto) e ha creato una guida semplice da leggere (e mettere in pratica). Chiunque può migliorare, esprimersi meglio e sentirsi meglio – in soli 60 minuti.

La padronanza dell'argomento del public speaking di Kevin è talmente elevata da renderlo in grado di comunicare un argomento così significativo in un modo estremamente semplice.

Già solo questo la dice lunga, a mio avviso.

Ma ti basterà leggere il libro per capire cosa intendo.

Se hai bisogno di una guida rapida per imparare a parlare meglio in pubblico e non hai molto tempo a disposizione, questo libro fa al caso tuo.

Ti basteranno 60 minuti per migliorare le tue abilità di public speaking.

Ricorda quello che sto per dirti. Questo libro si rivelerà senza dubbio uno dei migliori investimenti che tu abbia mai potuto fare nella tua intera vita.

Sua Eccellenza lo Sceicco Mohammed Bin Abdullah Al Thani,
"Il Primo Qatari ad aver raggiunto la Sommità dell'Everest"

DEDICA

Soltanto tu puoi far emergere il reale valore delle parole scritte.

Impara, applica e continua a plasmare le tue abilità oratorie in eterno.

Sei parte di questo libro nella stessa misura in cui questo libro diverrà parte di te.

RICONOSCIMENTI

Questo libro è frutto di amore. Gocce distillate da decine di migliaia di ore spese a lavorare con alcune delle figure, dei leader di pensiero e delle menti brillanti più influenti al mondo.

Sarebbe necessario un libro intero per nominarli tutti, uno a uno. Mi sentirò eternamente grato ed in debito per il tempo che abbiamo trascorso e che continuiamo a trascorrere insieme.

Siete l'ispirazione e la somma totale di quanto questo libro, oggi, è in grado di offrire.

Al fine di rendere efficace il concetto alla base del testo è stato indispensabile affrontare un lungo processo di eliminazione.

È stato opportuno mettere da parte molti elementi al fine di consentire solo alle tecniche più facilmente applicabili di trovare il loro posto in quest'opera.

COS'È IL PUBLIC SPEAKING?

Se stai cercando di comunicare un messaggio ad un gruppo di persone nel tentativo di ottenere un risultato specifico, stai parlando in pubblico. Di conseguenza, stai facendo public speaking.

Sia che tu voglia influenzare i membri del consiglio, dirigere un incontro di lavoro, rivolgerti alla tua associazione, rappresentare la società in qualità di ambasciatore, tenere un sermone, presentare un progetto, sarai tenuto ad alzarti in piedi e parlare.

In questo mondo così ferocemente competitivo, le persone scaltre e di successo sanno benissimo che la capacità di parlare è a dir poco *cruciale*.

Alcuni si accorgono presto di questa verità, mentre altri impiegano più tempo.

In ogni caso, tutti raggiungono la stessa conclusione – *non si può fuggire dal Public Speaking.*

Quello di parlare in pubblico è un compito obbligatorio per qualsiasi privato, professionista o leader - a prescindere dal settore di appartenenza.

Ad ogni individuo, qualsiasi sia il suo livello, si richiede di essere in grado di comunicare efficacemente.

So bene come funzionano queste cose...

Ho avuto modo di osservare fin troppe persone alzarsi in piedi e tenere discorsi mediocri. C'è chi sceglie di esimersi dal parlare ed ha la fortuna di ottenere ugualmente successo, e ci sono altri che arrivano al punto di prenotare un viaggio nelle date in cui sono attesi per il loro discorso, unicamente al fine di evitare di parlare per due miseri minuti.

Forse hai deciso di trascurare il public speaking, pensando che sia qualcosa di cui è possibile fare ameno. O magari, come tantissimi al giorno d'oggi, sei così concentrato sul lavoro che hai finito col sorvolare sull'importanza di quest'abilità.

Non sei il solo, tranquillo.

La maggior parte delle persone si sente a disagio in relazione alle proprie capacità di oratoria pubblica.

Sentono di poter fare di meglio.

Le sfide costituite dal public speaking non possono essere superate dormendoci su, girandoci intorno o sperando che svaniscano. Non svaniranno.

È dunque opportuno affrontare tali sfide nel modo più semplice ed efficace per, infine, superarle con successo.

"L'unico modo per risolvere un problema, è affrontarlo."

Anonimo

QUAL'È LA TUA CONDIZIONE ATTUALE?

i)   Non hai mai pensato al public speaking.
ii) Sei stato molto occupato e non hai trovato il tempo per pensarci.
iii) Hai acquistato numerosi libri sul tema, ma non li hai mai letti.
iv) Il ruolo che rivesti fa sì che le persone si aspettino che tu parli in pubblico.
v)   Sei obbligato a parlare. Non puoi tirarti indietro.
vi) Desideri diventare un grande oratore pubblico.

Attualmente, gran parte dei contratti di consulenza che stipuliamo con società private e organizzazioni pubbliche è dedicata alla formazione inerente alla comunicazione di ogni livello.

I team migliori vogliono che *tutti* i propri membri, dai rappresentanti di vendite ai responsabili di livello medio, fino agli alti dirigenti, agli amministratori e ai Presidenti, siano in grado di esprimersi con *impatto*.

Perché? Perché...

La tua capacità di comunicare con intensità ed esprimerti con impatto si rifletterà sul modo in cui il pubblico percepirà *te*, il tuo valore, i tuoi prodotti, i tuoi servizi, la tua società, il tuo marchio e, infine, la tua credibilità e competenza.

Ma questo lo SAI già benissimo!

SU UNA SCALA DA 1 A 10

COME TI SENTI RELATIVAMENTE ALLE
TUE CAPACITÀ DI PUBLIC SPEAKING?

1   2   3   4   5   6   7   8   9   10

Non molto sicuro   Perfettamente Sicuro

(Se la tua risposta è 10,
allora hai bisogno di
leggere questo libro)

"Tutti i grandi oratori furono
all'inizio pessimi parlatori. "

Ralph Waldo Emerson

PREFAZIONE

Ho scritto questo libro senza curarmi di editori, distributori o rivenditori.

L'ho scritto solo per te, quella persona che vuole migliorare le proprie capacità di public speaking.

Come scrisse la comica Tina Fey relativamente a quanto apprese da Lorne Michaels ai tempi in cui lavorava al "Saturday Night Live": "Lo spettacolo non va in onda perché è pronto; va in onda perché sono *le undici e mezza.*"

Sei alla ricerca di qualcosa che sia conciso ed esauriente.

Hai scelto questo libro per un motivo ben preciso.

Hai solamente 60 minuti a disposizione.

Sei nella condizione di dover raggiungere un obiettivo in breve tempo, avendo relegato la preparazione del tuo discorso/presentazione/conferenza pubblica all'ultimo minuto.

Nonostante ciò, hai bisogno di lasciare il segno.

Necessiti di pensieri e tecniche potenti ed efficaci da poter applicare immediatamente.

Ho lavorato sodo per fare in modo che ogni parola inclusa in questo libro (comprese le decine di migliaia scartate) potesse genuinamente fornire un supporto *immediato* alla riuscita dei tuoi discorsi pubblici.

Ho messo insieme questo testo affinché possa divenire un riferimento (sopravvivere e prosperare) tutte le volte che dovrai tenere un discorso.

Voglio che, così come ho insegnato a fare a migliaia di altre persone durante i miei seminari in tutto il mondo, tu impari a divertirti a parlare in pubblico – in modo spontaneo e rilassato.

I pensieri e le tecniche esposte sono semplici da applicare, ma al contempo *significativi* in relazione alla differenza che apporteranno ai tuoi risultati finali.

Se pensi che siano ormai giunte per te le fatidiche undici e mezza, non temere. Ci sono qua io ad aiutarti!

60 minuti per parlare meglio in pubblico ti aiuterà a diventare un oratore migliore.
Hai la mia parola.

Si tratta di tecniche che hanno funzionato persino con Presidenti.

Funzioneranno anche con te.

I tuoi 60 minuti iniziano ADESSO!

1. DAI ASCOLTO ALLA MAMMA

Pensare di parlare in pubblico potrebbe farti sentire a disagio.

Ansioso, stressato, teso, con torcicollo, raucedine, bocca asciutta, magari al punto di valutare l'idea di darti malato (quante volte mi è capitato di assistere a casi simili), soltanto perché il giorno del discorso pubblico si sta avvicinando inesorabile.

Quand'ero un bambino, mia madre usava dirmi:

"Kevin, fermati! Fai dieci respiri lenti e profondi. 10, 9 , 8, 7, 6, 5, 4, 3, 2, 1. Perfetto, ora va' e conquista il mondo".

So cosa stai pensando.

Io stesso pensai la stessa identica cosa.

Ma cosa c'entra la respirazione con il mitigare la tensione legata ai discorsi pubblici?

Senza approfondire i dettagli scientifici, quando ci si ferma e si fanno dieci respiri lunghi e profondi, i polmoni e il cervello si riempiono di ossigeno.

Ti sembrerà, inoltre, che ogni cosa avvenga più lentamente (un po' come nei film) e inizierai a sentirti più rilassato.

Assicurati di respirare a pieni polmoni, riempiendo per bene il diaframma (l'area appena al di sotto della gabbia toracica). Un respiro come si deve dovrebbe gonfiare lo stomaco al punto che sembrerà tu abbia ingurgitato i pasti di un'intera settimana in una volta sola.

D'ora in poi mia madre è anche tua madre; dovrai quindi darle ascolto.

Fai dieci respiri profondi.

Ti ci vorranno meno di 2 minuti.

Due minuti che faranno la differenza.

"Cielo sopra di me, terra sotto di me, fuoco dentro di me.

SKYRIM

2. IL SEGRETO SVELATO

Ho aiutato decine di migliaia di clienti di ogni classe sociale condividendo con loro un segreto.

Ti piacerebbe scoprire di cosa si tratta?

Avvicinati, così che possa dirti ciò che ho detto ad ognuno di loro.

Divertiti.

Magari starai pensando: "Ma Kevin, sono un'intellettuale! Devo parlare di qualcosa che rientra nella categoria degli argomenti noiosi ma importanti!".

Eppure io ti direi la stessa identica cosa – Divertiti.

Gran parte delle persone, incluso te, ha perso di vista il desiderio e l'innata capacità degli esseri umani di divertirsi.

Diamo il meglio di noi quando ci divertiamo. E, diciamo la verità, per quanto serio tu possa essere diventato, anche tu sai benissimo come divertirti. O, quantomeno, c'è stato un momento della tua vita in cui l'hai saputo.

Dimmi, quand'è stata l'ultima volta che hai partecipato ad un discorso, incontro formativo, conferenza stampa, fiera commerciale o convegno con la specifica e volontaria intenzione di *annoiarti a morte*?

Mai.

Puoi prendermi in parola se ti dico che le persone che compongono il tuo pubblico (qualsiasi sia l'occasione), sono esattamente come me e te.

Non vogliono annoiarsi al punto di essere indotti al coma.

Non vorrebbe far altro che divertirsi e lasciarsi coinvolgere dal tuo discorso (anche nel caso in cui dovesse trattarsi di una argomento serio).

Il divertimento è un vero e proprio stato mentale.

Una volta scelto questo stato mentale, imparerai di più, ti darai da fare per affinare i tuoi pensieri, organizzerai al meglio il tuo lavoro, migliorerai esponenzialmente le tue capacità oratorie e coglierai con intraprendenza ogni opportunità che ti si parerà dinanzi.

Quando ti diverti, il pubblico diviene molto più ricettivo nei confronti dei tuoi pensieri, delle tue idee e dei tuoi consigli.

Quando ti diverti, il pubblico ti percepisce come carismatico, a tuoi agio, sicuro e autorevole.

Ora prova a dirmi che non vorresti ottenere un risultato simile.

Certo che lo vuoi.

3. NON È POI COSÌ MALE

Ecco un'altra domanda che pongo ai miei clienti.

Qual è la cosa peggiore che potrebbe succedere come conseguenza del tuo discorso pubblico?

Voglio che tu scriva la risposta qui sotto.

_____

_____

Nella stragrande maggioranza dei casi, a tutti è dato di vivere fino al giorno seguente.

Se così non fosse, leggere questo libro aspettandosi di ottenere risposte è indubbiamente una soluzione irrealistica in relazione alle tue esigenze attuali.

La tua vita non è messa a repentaglio? E allora rilassati!

"Anche se cadi a faccia

in giù, ti stai comunque

muovendo in avanti."

Robert Gallagher

4. SOLO UN PENSIERO

Nel momento in cui dovrai alzarti in piedi e tenere il tuo discorso, potresti essere preoccupato di ciò che il tuo pubblico penserà di te.

Lascia, dunque, che ti dica quello che di certo non penserà:
"Ahahahah guarda quello. È così nervoso. Che sfigato!".

Cosa invece penserà (nel 99.99% dei casi) è:
"Mamma mia, sono felice di non essere al suo posto".

"Se stai attraversando l'inferno,
vai avanti e non ti fermare"

Winston Churchill

5. INQUADRA NELLA GIUSTA OTTICA

Quando si chiede loro di tenere un discorso, molte persone tendono a parlare della propria grandezza, di ciò di cui si occupa la propria compagnia e di quanto sia fantastica la linea di prodotti e servizi che offrono.

FERMO LÌ!

Il fatto che tu abbia l'opportunità di parlare non implica che sia una buona idea fare l'errore di costruire l'intero discorso attorno a te (o a ciò che rappresenti).

L'interezza del tuo messaggio deve essere costruita attorno ad un semplice principio di vita: il CCG – Cosa ci guadagno?

Ogni volta che ti trovi a produrre il tuo messaggio, chiediti: "E il mio pubblico cosa ci guadagna?"

Se hai un passato da venditore, sai benissimo che le persone non comprano qualità (ottica sbagliata).

Comprano benefici (giusta ottica).

Non si tratta di quanto fantastici tu e il tuo gruppo siate, si tratta del modo in cui il tuo pubblico potrà trarre beneficio da ciò che hai da offrire.

Non perdere mai di vista questo elemento fondamentale.

Inquadra il discorso prima di Formularlo .

"L'obiettivo di una comunicazione efficace dovrebbe essere quello di far sì che gli ascoltatori dicano "Anch'io!" e non "E allora?"

Jim Rohn

6. TU E LA PAURA

Ecco alcune delle paure più comunemente legate al public speaking.

Paura dell'ignoto

Paura del rifiuto

Paura di apparire sciocchi

Paura di essere esclusi

Paura provocata dagli incidenti passati

Paura di sbagliare

Paura di avere vuoti di memoria

Paura di apparire incompetenti

Paura di apparire innaturali

Paura di non essere apprezzati o amati

Applica le nozioni che condividerò con te tramite questo libro e vedrai queste paure svanire nel nulla una a una.

Il tuo passato non è il tuo futuro.

Cosa vuoi che succeda semmai ti capitasse di sbagliare qualcosa mentre tieni un discorso?

Accade anche ai migliori, sai?

Tutte queste paure derivano da esperienze passate, da esperienze altrui e da un punto di riferimento sbagliato – *te stesso*.

Guarda in faccia le tue paure.

"Non devo avere paura.

La paura uccide la mente. La paura è la piccola morte che porta con sé l'annullamento totale.

Guarderò in faccia la mia paura.

Permetterò che mi calpesti e mi attraversi. E quando sarà passata, aprirò il mio occhio interiore e ne scruterò il percorso.

Là dove andrà la paura non ci sarà più nulla.

Soltanto io ci sarò."

Frank Herber

7. RILASSATI

Ti trovi a dover tenere un discorso?

Rilassati.

Se ti senti ansioso, allora stai senza dubbio facendo confusione.

Pensi che si tratti di te.

Ma, udite udite! *Non* si tratta affatto di te!

Si tratta del tuo pubblico.

Il tuo ruolo consiste nel comunicare il messaggio.

Il tuo ruolo consiste nell'interessarti del tuo pubblico.

Interessartene al punto di accertarti che riceva il messaggio che intendi comunicare.

Ti è mai capitato di camminare per strada e ricevere un sorriso da un completo sconosciuto?

Nella gran parte dei casi, la reazione più naturale ed istintiva è quella di sorridere in risposta.

Esiste un principio umano che è tanto potente nel risultato quanto è semplice nell'applicazione.

Si tratta del principio di *reciprocità*, secondo il quale noi esseri umani tendiamo a reciprocare ciò che riceviamo.

Alle persone non interessa quanto sai, almeno non prima che scoprano *quanto sei interessato a loro*!

Ci piacciono coloro a cui piacciamo.

Amiamo coloro che ci amano.

Ci interessiamo a coloro che si interessano di noi.

Dovrai darti da fare per trovare qualcuno che ti piace ma a cui tu non piaci. Se ci riesci, che dire? Congratulazioni! Ma puoi star ben certo che esistano pochissimi esemplari simili.

Interessati del tuo pubblico.

Se ne accorgerà, lo apprezzerà e, come risultato, reciprocherà i tuoi sentimenti prestando attenzione al discorso e ascoltando le tue parole.

8. RI-ETICHETTA LE TUE EMOZIONI

Cerca di ricordare il tuo primo appuntamento.

Eccitazione. Nervosismo. Ansia. Batticuore. Farfalle nello stomaco.
Avrai provato tutte queste sensazioni, o quantomeno alcune di esse.

Il punto è che le hai etichettate come *positive*!

Sei tu a controllare l'etichetta che conferisci alle tue emozioni. Sempre.

Le cose non cambiano se l'argomento in questione è il public speaking.
Devi rietichettare le tue emozioni.

Etichetta Inutile	Nuova Etichetta Positiva
Ansioso	Grandioso. Sei vivo.
Fuori di testa	Sei eccitato.
Nervoso	Sei una rock star. Fare del tuo meglio è il tuo lavoro!
Impaurito	Anche avere un figlio fa paura. Ma è fantastico.
Insonne	Ottimo. Più tempo per esercitarsi.

Gli oratori migliori si avvalgono di trucchetti mentali come questo.

Con loro funziona.

Funzionerà anche con te.

"Voltati verso il sole e le ombre
cadranno dietro di te. "

Proverbio Maori

9. STUDIA BENE IL TUO AVVERSARIO

Se questo fosse un ring di pugilato, tu staresti per combattere contro un avversario finora imbattuto, con il doppio del tuo raggio d'azione e il triplo della tua stazza e che, per poco non dimenticavo, è considerato il campione del mondo. Beh, buona fortuna!

Chiaro, non riusciresti mai a vincere questo scontro.

Buona notizia. Non sei in un ring di pugilato.

Cattiva notizia. Il tuo avversario è molto più feroce di quello appena descritto.

Quando parli, ti confronti con quella che è considerata essere la macchina più potente nella storia dell'umanità.

Non hai a che fare con uno smartphone o un tablet.

Hai a che fare con la poderosa *mente*.

La maggior parte delle persone è in grado di proferire, in media, tra le 120 e le 180 parole al minuto. Una velocità risibile se si paragona questo dato alle più di 400 parole che il cervello riesce a processare nello stesso arco temporale.

Traduzione: Se tieni un discorso noioso, banale o poco d'impatto, entro pochi minuti tu e le menti del tuo pubblico sarete a chilometri di distanza l'uno dalle altre..

> "Il più grande problema della comunicazione è l'*illusione* che abbia avuto luogo."
>
> George Bernard Shaw

Come se ciò non bastasse, ho un'altra cattiva notizia per te.

La sigla A.D.D (Disturbo da Deficit dell'Attenzione) era un termine clinico usato per riferirsi ad un'irrequieta minoranza.

Attualmente, grazie a bip, tweet, tintinnii, squilli e frastuoni mentali, oserei dire che ne soffre pressappoco chiunque (tu in primis).

Adesso sì che la tua sembra una lotta all'ultimo sangue, no?

Soluzione:

Sii scaltro.

Sii sempre centrato sull'argomento.

Come?

Continua a leggere.

10. DELINEA IL TRAGUARDO

Con ogni probabilità, sei un esperto nell'argomento di cui ti appresti a parlare.

Ciò significa che saresti in grado di parlare per settimane e settimane riguardo a quel tema.

Fantastico, potresti istintivamente pensare.

Nulla di più sbagliato. È tutt'altro che fantastico.

Il pubblico non vorrebbe dedicarti neppure un minuto del suo prezioso tempo, figuriamoci un'intera settimana.

Ciò che interessa al tuo pubblico sono ben altre cose; le pressanti problematiche della vita di tutti i giorni.

Non hanno tempo per sentirti blaterale.

Se finisci *fuori tema*, non ti concederanno neppure quel singolo minuto.

Gran parte delle persone pensa sia più saggio iniziare a creare il proprio messaggio cominciando dal punto di partenza.

Potrebbe sembrare giusto, ma non lo è.

Ci sono due domande fondamentali che permangono senza risposta, facendo sì che ci si trovi a sentirsi frustrati e completamente fuori rotta rispetto alla direzione del pubblico. Il problema – non si ha ben chiaro in mente il punto di arrivo.

Devi iniziare delineando il tuo traguardo.

Ora rispondi a queste due domande:

A che scopo stai tenendo il discorso?

_____

Cosa desideri che il tuo pubblico ricordi (o faccia) dopo averti ascoltato parlare?

_____

Ovviamente potrebbe essere difficile, all'inizio, formulare una risposta valida. Ma devo sforzarti fino a quando non diventerà limpida ed inequivocabile.

Si tratta del fulcro dal quale partire per sviluppare un chiaro senso di direzione.

Prova a metterla così. Stai per uscire dall'ufficio ed entrare in auto. La domanda a cui dovrai aver dato risposta prima di mettere in moto corrisponde a qualcosa di simile a: *"Dove mi sto dirigendo?"*

Ecco, voglio che tu risponda alla stessa domanda relativamente al tuo discorso.

Dove ti stai dirigendo con il tuo discorso?

Verso quale destinazione stai guidando il tuo pubblico?

È solo dopo aver stabilito il punto di arrivo, che puoi davvero partire.

11. LASCIA CHE SI SCATENI

Dai di matto.

Scrivi *tutti* i tuoi pensieri nero su bianco.

Scrivi ovunque.

Scrivi tutto, anche se non ha alcun senso.

Scrivi senza modificare.

Scrivi liberamente.

Scrivi in abbondanza.

Scrivi come se farlo potesse garantirti una seconda vita.

Scrivi tutto ciò che ti viene in mente.

Se il tempo lo permette, prenditi una pausa. Magari mentre sarai fuori a far spesa ti verrà in mente qualcosa di nuovo. Succede sempre. In tal caso, torna a casa e scrivi.

Scrivi fin quando non avrai più abbastanza forza per farlo.

Durante la fase di delineazione e scrittura del tuo discorso o relazione, hai tutto il mio permesso di raccogliere idee in assoluta libertà. Lascia che la tua mente si scateni.

Questo è il luogo, e forse anche l'unico momento, in cui potrai esercitare la libertà di buttar giù ogni tipo di insensatezza.

> Attenzione: Numerosi professionisti tengono i loro discorsi proprio in questa fase e poi si domandano come mai le persone del pubblico sembrano in coma o hanno occhi vitrei.

MA A TE QUESTO NON SUCCEDERÀ MAI.

"Ogni oratore ha una bocca;
che mezzo eccezionale.
A volte pieno di saggezza.
A volte pieno di piedi."

Robert Orben

12. UN PROCESSO DOLOROSO

Dopo aver affrontato la fase di raccolta di grandi idee, racconti, analogie ed esempi, arriva il momento del filtraggio.

L'inizio può risultare divertente, ma più abbondante è il materiale da rimuovere, più il processo diviene sofferto.

Se l'elemento è in linea con il tuo scopo, resta.

Se non lo è, *va tagliato*.

Tutti credono di formulare pensieri fantastici (e magari lo sono davvero) ma le menti del pubblico sono *spietate*.

Sfortunatamente, non puoi permetterti il lusso di rapportarti in modo emotivo ai tuoi contenuti.

Se annoi o confondi il pubblico, questo ignorerà il tuo messaggio.

Non hai seconde possibilità.

Questo libro (già successivamente alla fase di editing) contava più di 500 pagine.

Prova ad immaginare la sofferenza a cui ho dovuto far fronte per realizzarne una versione condensata da 60 minuti.

Se devo parlare per dieci minuti, ho

bisogno di una settimana di preparazione;

se per quindici minuti, tre giorni;

se per mezzora, due giorni;

se per un'ora, sono già pronto.

Woodrow Wilson

Capisci? Meno tempo a disposizione hai per comunicare il tuo messaggio, più duramente *dovrai* lavorare per prepararti a farlo.

Scommetto che ora starai pensando:

"Cosa deve restare? Cosa deve andare via?"

Non vedevo l'ora che me lo chiedessi.

13. RESTO O VADO VIA?

Sarai costretto a rimuovere parti e frammenti del tuo discorso che reputi eccellenti.

Le domande che devi porti sono le seguenti:

1. A che scopo sarà tenuto il discorso?
2. Questo punto è in linea con il risultato che desidero raggiungere?
3. È idoneo?
4. Scorre bene? (tornerò su questo punto a breve)

In diversi casi, lavorando con alcuni clienti, ci siamo trovati a rimuovere talmente tanto di quel materiale di qualità, che i contenuti scartati sono stati utilizzati per preparare un altro paio di discorsi differenti. Ci si è limitati ad archiviare il materiale nella banca di contenuti di riserva per utilizzarli in futuro. Puoi fare lo stesso anche tu. A volte i fatti, i pensieri e le idee che hai in mente possono sembrare fantastici inizialmente, per poi rivelarsi inadeguati più in là. Oppure semplicemente non sono appropriati in relazione al risultato che vuoi ottenere.

Che fare in questi casi?

Cancella.

Continua a rimuovere tutto il grasso in eccesso presente nell'organismo del tuo discorso, finché il tuo pezzo, la tua presentazione, il tuo enunciato o il tuo discorso pubblico non saranno diventati una magra macchina muscolare pronta ad affrontare la feroce competizione.

"Se non riesci a spiegarlo semplicemente, allora non l'hai capito abbastanza bene".

Albert Einstein

14. EDWARD CHI?

Edward Everett è di rado ricordato in qualità di oratore pubblico.

Tu lo ricordi?

Non preoccuparti se la risposta è no. Nel corso degli anni, solamente circa il 5% dei partecipanti ai miei seminari aveva sentito parlare di lui.

Edward fu relatore principale nel lontano 1863. Parlò per ben due ore.

Perché mai è importante ricordarsi di Edward e del suo discorso da due ore?

La risposta è semplice. Perché quasi di certo hai sentito nominare l'uomo che parlò dopo di lui - Abraham Lincoln.

Non era Lincoln il relatore principale, quel giorno.

A lui non sono state concesse le due ore che ha avuto Edward Everett.

Eppure, al contrario del signor Everett, Abraham Lincoln è ricordato per l'iconico *Discorso di Gettysburg* tenuto proprio quel giorno.

Sai quanto è durato il suo discorso?

Due minuti. 10 frasi. 272 parole.

15. OTTIENI LA LORO ATTENZIONE

"Buon pomeriggio, signore e signori.

Grazie per essere venuti. Oggi vi parlerò di...."

Inizia in questo modo e potrai star certo che la mente inconscia dei presenti riceverà un chiaro indizio (frutto delle agonizzanti esperienze passate che fanno preannunciare cosa si sta per sorbire).

   a.   Questo discorso sarà una NOIA MORTALE!!!
   b.   Cosa ci faccio qui? Avrei così tanto lavoro da sbrigare.
   c.   Chissà chi è più comodo...Farei meglio ad appoggiarmi a destra o a sinistra per schiacciare un sonnellino?

Hai perso la partita già dall'introduzione.

Se non riesci a catturare il pubblico all'inizio non hai alcuna possibilità di comunicare un messaggio significativo (non importa quanto bravo tu possa essere).

Al giorno d'oggi le persone sono mentalmente occupate, tese ed esauste.

Non di rado il tuo pubblico sarà (ma, mi raccomando, non prenderla sul personale) assente, stressato dalla mole di lavoro, traumatizzato dall'accumulo di email da leggere, preoccupato dei bambini, di cosa fare per cena e via dicendo...Beh, hai capito l'andazzo.

L'ultima cosa di cui hanno bisogno è una persona che tenti di occupare ulteriore spazio nella loro testolina.

Se inizierai il tuo discorso come fanno tutti gli altri, non farai altro che cantare una ninna nanna – *Ma ciao, Coma. Eccoti qui!*

Potresti trovarti a parlare in una sala completamente piena. Ma ricorda, non è piena che di corpi.

È completamente vuota a livello mentale.

Il tuo lavoro consiste nel portare il pubblico in sala...mentalmente!

Ottieni la loro attenzione.

Mi è sembrato di sentirti chiedere*: "Ma come posso riuscirci?"*

"Un mare calmo non rende
buono un marinaio".

Proverbio Africano

16. INIZIA IN MODO ORIGINALE

"Ho la sensazione che la mia carriera abbia appena raggiunto il suo picco" furono le prime parole di Colin Firth nel discorso tenuto al ricevimento del meritatissimo Oscar per il suo ruolo ne Il Discorso del Re.

Una buona idea per ottenere l'attenzione delle persone può essere quella di comunicare un fatto sorprendente che potrebbe essere sconosciuto ai più. Per esempio, poniamo che tu sia nell'aviazione e debba tenere un discorso relativo ad un aspetto specifico – la sicurezza.

"Sapevate che il rischio di morte è 8 volte più elevato quando si guida rispetto a quando si vola?"

Il tuo argomento potrebbe essere noioso.

E potrebbe essere anche importante.

Ma non per questo hai il diritto di stordire e annoiare a morte il tuo pubblico.

Sii creativo.

Inizia a parlare dal centro della stanza.

Inizia a parlare dal fondo della stanza.

Inizia ponendo enfasi su un quesito.

Inizia con un fatto.

Inizia con impatto.

Inizia con una citazione.

Inizia con un aneddoto.

Inizia con una distrazione (che sia però pertinente a ciò che intendi comunicare).

Condividi e mostra il tuo punto di vista attraverso un'azione.

Immagina di partecipare ad un evento il cui relatore, al fine di illustrare il fulcro del discorso, ha scelto di presentarsi indossando il suo pigiama.

(se non l'hai ancora visto, corri online e cerca "Leadership Speaker Pyjamas" su Google).

Stimola le menti dei presenti.

Ottieni la loro attenzione, oppure farai meglio a tornartene direttamente a casa.

"Chi rinuncia alla libertà per raggiungere la sicurezza, non merita né libertà né sicurezza".

Benjamin Franklin

17. OH, DAVVERO IMPRESSIONANTE

Fin troppo spesso, conferenze e discorsi pubblici imboccano un percorso sbagliato perché l'oratore è convinto che si tratti di un momento dedicato a carezzare il proprio ego.

Ho visto professionisti dell'arte oratoria fare un pessimo uso del proprio tempo a disposizione in quanto troppo impegnati a mostrare le proprie capacità, il proprio vocabolario gergale, scenari complessi e presentazioni sofisticate.

E così professano tante insensatezze, presumibilmente per sembrare intelligenti.

Lascia che ti dica una cosa: non c'è assolutamente nulla di intelligente in un approccio simile.

L'unico risultato che ottiene è distrarre dal proprio *scopo* in qualità di oratore.

Il tuo obiettivo finale non è quello di impressionare il pubblico.

Il tuo scopo è quello di *comunicare* il tuo messaggio.

Fallo e vedrai che riuscirai ad impressionare il tuo pubblico.

È il momento di esibirti, *non* è il momento di metterti in mostra.

Si tratta del tempo (molto limitato) che hai a disposizione per comunicare il tuo messaggio con chiarezza, efficienza ed impatto.

Non usarlo per dire sciocchezze.

Non parlare in gergo (a meno che il tuo pubblico non sia composto unicamente da persone che parlano in gergo).

Il vocabolario che utilizzi non dovrebbe essere scelto con l'intento di impressionare il pubblico (o tanto varrebbe provare a diventare un rapper).

Non fare il sofisticato.

Punta sulla semplicità.

Esprimi il tuo messaggio con la stessa semplicità che useresti per comunicarlo ad un bimbo di 9-10 anni.

Come tutti i grandi oratori, Winston Churchill comprendeva alla perfezione il potere della semplicità.

Quando tenne il suo famoso discorso nell'Ottobre del 1941, scelse un messaggio chiave e così lo comunicò.

"Non Arrendetevi Mai. Non Arrendetevi Mai. Mai. Mai. Mai".

Un messaggio chiave ripetuto più e più volte.

Acuto.

In tema.

Ecco come si comunica con impatto.

Così sì che potrai star certo di *impressionare.*

"Pensa da uomo saggio ma comunica nel linguaggio del popolo".

William Butler Yeats

18. LASCIA CHE SCORRA

Ti sei mai fermato ad osservare un fiume?

Scorre, semplicemente. Senza alcuno sforzo. Splendidamente.

Quando ti alzi in piedi per tenere il tuo discorso voglio che pensi al tuo messaggio come ad un fiume. Il flusso delle informazioni deve risultare sensato, privo di sforzi.

Ho visto persone ergersi e proferire una quantità incredibile di parole senza senso, aspettandosi che fosse il pubblico a conferirgliene.

Sveglia!!

Se non ha senso per te, non avrà senso neppure per il tuo pubblico.

Se risulta confuso già nella tua mente, sarà una tempesta di sabbia nelle menti del tuo pubblico.

Se metti il pubblico in condizione di pensare, l'hai già perso.

Non c'è cosa più indesiderabile di un pubblico che si sta sforzando di comprendere ciò che hai appena detto.

Arrivato a quel punto, *smetterà* di ascoltare. Fine.

Pensi che il pubblico non abbia la possibilità di domandarsi il reale significato delle tue parole?

La realtà è che *il pubblico non ha tempo di pensare a ciò che stai dicendo.*

Rileggi l'ultima frase fino ad assorbirla completamente.

Di' sempre ciò che intendi. Intendi sempre ciò che dici.

Il tuo discorso deve essere semplice da assimilare per il pubblico.

Con ciò non intendo sminuire il pubblico.

Il pubblico è intelligente. Ma è anche mentalmente pigro.

Non vuole pensare, né vuole sentire la necessità di farlo.

Deve essere in grado di seguirti con assoluta agevolezza.

Sei tu ad essere in piedi a parlare.

Sei tu che stai comunicando.

Sei tu ad essere responsabile della presenza di senso nel tuo messaggio. Non certo il pubblico.

Ricorda sempre che un fiume scorre senza sforzo alcuno.

Il tuo flusso di informazioni scorre?

"Colui che desidera persuadere dovrebbe profondere i propri sforzi non nell'argomentazione giusta, ma nelle giuste parole"

Joseph Conrad

19. TRASFORMALO IN UN FILM

Evita di memorizzare.

Mi rendo conto che possa sembrare un consiglio controverso, considerando quanti esperti professionisti sogghignino con orgoglio nell'affermare di aver imparato a memoria i propri discorsi, le proprie conferenze o presentazioni.

Ti ritroverai con un cervello completamente carico e non farai che intralciare te stesso quando il momento del discorso sarà arrivato.

Se desideri essere calmo, rilassato e composto prima di alzarti in piedi e parlare, allora devi *liberare* il tuo cervello da ogni carico superfluo.

Dona struttura al tuo messaggio – come se fosse la trama di un film.

Così facendo, proprio come se si trattasse di un racconto o una pellicola, sarai in grado di visualizzare e ricordare gli eventi grazie al loro senso *logico*.

Pensa all'ultima volta che, assieme ad un amico, hai rivissuto un film che hai visto, una vacanza che hai trascorso o il modo in cui hai trascorso il fine settimana.

La tua storia aveva un inizio, seguito da una serie di eventi ed una fine.

Aveva un proprio *flusso*; scorreva. Ricordi? Il fiume scorre.

Potresti aver ricordato ogni dettaglio, o potresti aver dimenticato due o tre cose.

Ma non importa. Perché c'era un flusso, che ha continuato a scorrere dall'inizio alla fine.

Una semplice trama può aiutarti a visualizzare e collegare i tuoi pensieri (con l'aiuto di elementi chiave scatenanti) dall'inizio alla fine.

Non memorizzare il tuo discorso. Trasformalo in un film.

20. DAGLI VITA

Sono fin troppi i professionisti che si presentano davanti ad un pubblico per comunicare il proprio messaggio condendolo con un numero spropositato di fatti e cifre.

Danno per scontato che il pubblico sia costituito da creature logiche.

Mi spiace. Detesto essere io a dovertelo dire, ma siamo creature emotive. Preferiamo vivide immagini a numeri anestetizzanti.

Se vuoi comunicare fatti con forza e impatto, devi riuscire a dipingere un'immagine nelle menti del pubblico.

Aiuta il tuo pubblico a *realizzare* cosa stai cercando di dire.

Fatto: *"Il Burj Khalifa è la torre più alta del mondo, con i suoi 828 metri"*

L'affermazione espone il fatto. Ma non è altro che un numero.

Non si avvicina minimamente al dipingere un'immagine. Ma se invece dicessi...

 "Il Burj Khalifa è la torre più alta del mondo. Con i suoi 828 metri, è alta quanto otto campi da football posizionati l'uno sull'altro"

Ora sì che sei un pittore e le menti del pubblico sono la tua tela.

Evoca le loro emozioni. Esplora i loro sensi.

Dai colore al tuo messaggio. Dagli ombre.

Dagli profondità. Dagli dimensione.

Dagli un sapore. Dagli gusto.

Dagli percettibilità. Dagli consistenza.

Il tuo pubblico è in grado di vedere solo ciò che tu stesso vedi, ma riuscirà a farlo unicamente se saprai dipingere un'immagine con efficacia.

"Sogno di dipingere e poi
dipingo il mio sogno"

Vincent Van Gogh

21. EMANA POTERE

Ehm, come dire, cioè, beh, a dire il vero...

Toglitelo dalla testa.

C'è forza nelle pause.

Il silenzio mette a disagio gran parte delle persone.

Fanne buon uso, fa' sì che contribuisca al tuo gioco di potere.

La tua abilità di prenderti della pause senza riempire inutilmente gli spazi ti consentirà di trasudare *sicurezza*.

Il pubblico ti percepirà come *a tuo agio* e perfettamente *al comando* della situazione.

Fare delle pause consente al pubblico di assimilare e riflettere su ciò che hai detto.

Fare delle pause lascia il pubblico in sospeso in attesa che tu riprenda a parlare, esponendo con impatto la tua affermazione successiva.

La pausa corrisponde alla punteggiatura che useresti per comunicare ad un lettore qualora stessi esponendo per iscritto.

Fare delle pause ti conferisce contegno.

E, ad essere del tutto onesti, fare delle pause ti consente di prenderti qualche secondo per riordinare i pensieri (qualora ne avessi perso il flusso) ed esporre con forza ed intensità il punto successivo.

Insomma, hai capito.

Fai una pausa.

"Un silenzio al momento opportuno
è più eloquente di qualsiasi discorso"

Martin Fraquhar Tupper

22. BREVE E CONCISO

Prova a rivedere il tuo discorso alla luce di quanto hai appreso finora.

Prendi in considerazione ogni elemento.

Chiediti: *"Come posso rifinirlo? Renderlo più breve? Renderlo più intenso?"*

Quando parli, le tue affermazioni dovrebbe essere lunghe sempre e soltanto per necessità, mai per scelta.

Vorresti essere considerato allo stesso livello di grandi oratori, leader di pensiero e Presidenti?

Puoi.

Ecco come gli oratori più potenti ed efficaci conquistano i propri pubblici.

Si avvalgono di:

    a. Frasi brevi
    b. Parole semplici
    c. Termini in cui tutti possano identificarsi e rispecchiarsi.

Bisogna preferire la qualità alla quantità.

Meno è meglio.

"Un buon discorso dovrebbe essere come
la gonna di una donna; lungo abbastanza
da coprire il soggetto e corto abbastanza
da suscitare interesse."

Anonimo

23. CHIUSURA PRESIDENZIALE

Le persone ricorderanno la *prima* e l'*ultima* cosa che dirai.

Se si intervistasse qualcuno del pubblico e gli si chiedesse quale punto del tuo discorso ricordano con più chiarezza, quale credi che sarebbe?

Qual è la ragione primaria per cui ti sei alzato in piedi e hai iniziato a parlare?

Qual è il messaggio che vuoi far pervenire?

La chiusura è il punto in cui stai mentalmente radunando il tuo pubblico per spingerlo ad intervenire di conseguenza.

Ma qual è il fine della tua esortazione all'intervento?

Parla con chiarezza.

Segui la regola del public speaking– *"Un inizio intenso e coinvolgente ed una chiusura forte e memorabile alla minor distanza possibile l'uno dall'altra".*

Nota bene: Se hai abbastanza tempo per esercitarti, ascolta gli ultimi due minuti delle tue campagne elettorali preferite (e ben esposte). La loro chiusura dovrebbe farti comprendere con chiarezza sia il messaggio che l'esortazione all'intervento.

Concludi in bellezza.

Concludi con speranza.

Concludi con un sorriso.

Concludi con sicurezza.

Concludi con potere.

Ad essere ricordate saranno le tue ultime parole; assicurati che contino.

"Sì, Possiamo!"

Barack Obama

Slogan della Campagna, 2008

24. SEI MIGLIORE DI QUANTO TU CREDA

Io ci credo.

Ora devo solo dimostrartelo e far sì che inizi a crederci anche tu.

Innanzitutto, devi credere al fatto che c'è un motivo se ti è stato chiesto di tenere un discorso. C'è *valore* in ciò che devi condividere con il tuo pubblico.

Farai meglio a crederci.

"Sia che tu pensi di potere o di non potere, hai probabilmente ragione."

Henry Ford

In secondo luogo, per evitare che tu finisca col considerarmi un oratore motivazionale *tutto chiacchiere e niente sostanza*, lascia che ti proponga questo concreto esempio per aiutarti a rafforzare la fiducia in te stesso. Prendi un qualsiasi dispositivo in grado di registrare (un portatile, uno smartphone o una videocamera digitale se ancora ne usi una) e registrati mentre tieni il tuo discorso.

Ciò farà sì che

a) Acquisti consapevolezza dei punti che necessitano di rifiniture.

b) Realizzi quel qualcosa che aiuto molti dei miei clienti ad apprezzare durante i miei seminari di gruppo o le mie sessioni di formazione individuale. Così com'è avvenuto in qualsiasi altro caso su cui ho lavorato, infatti, noterai di risultare di gran lunga migliore di quanto avresti mai pensato.

Ora forza! Vai a registrarti, guardati e lasciati sorprendere da questa strabiliante prova.

Eh già, lo so, lo so. Mi farò offrire un caffè quando ci incontreremo. Ti voglio bene anch'io.

25. A TESTA ALTA

I giochi iniziano dal momento in cui entri nella sala, o ancor prima quando scendi dalla macchina e la tua presenza viene notata per la prima volta.

La tua postura (a testa alta) comunica la tua sicurezza e la tua posizione autorevole.

Devi camminare, ed infine tenerti in piedi, sempre con slancio e compostezza.

Il modo in cui gli altri ti percepiscono coincide con il carattere che le tue parole assumeranno.

Mentre parli, assicurati di mantenere le gambe ad una certa distanza. Abbastanza da conservare l'equilibrio. Non vorrai certo metterti a barcollare a destra e sinistra o avanti e indietro!

Le spalle andrebbero spinte lievemente all'indietro, con la testa fermamente centrata, diretta verso il pubblico.

Sei in piedi a testa alta.

Le tue vie respiratorie sono perfettamente aperte, consentendoti di respirare e parlare agevolmente.

È la postura dei vincenti.

Dimostri autorità, hai tutto sotto controllo e appari a tuo agio e competente.

Entra nella parte.

Sii la parte.

Sta' in piedi a testa alta.

"Una buona postura riflette
un'adeguata disposizione mentale."

Morihei Ueshiba

26. DISARMA E CONNETTI

Sapevi che i bambini sorridono più di 400 volte al giorno?

Negli adulti il numero si riduce ad una media di sole 15 volte.

Quando poi si tratta di public speaking, la media scende ad appena una manciata, a voler essere generosi.

Sono numerosissimi gli individui che si dimostrano a dir poco eccezionali quando li si incontra individualmente.

Poi però si alzano, prendono posto ed iniziano a parlare.

All'improvviso, cominciano a sembrare costipati (e ti assicuro che non è un gran bel vedere).

Lascia che ti dica una cosa.

La *piacevolezza* è più importante della competenza.

Un volto banale, corrucciato o costipato non comunica certo piacevolezza.

Gli esseri umani gravitano attorno al sorriso naturale.

Sorridere (e vedere altri che lo fanno) ci fa sentire bene.

Prima di approfittare dell'opportunità di mostrare le tue competenze, dovresti conquistarti la simpatia del pubblico. Sorridere dona piacevolezza alla tua figura.

E la piacevolezza ti farà ottenere un pubblico *attento*.

Puoi dire ai presenti nel pubblico che sei felice di vederli, di essere in loro compagnia e di condividere il tuo messaggio con loro. Ma al contempo anche il tuo volto deve comunicare quelle stesse sensazioni.

Prova a dire quelle parole con un genuino e sincero sorriso sul volto.

È importante capire che le tue espressioni facciali devono essere coerenti con ciò che dici. A meno che tu non stia tenendo un elogio funebre o non ti stia confrontando con i media nell'ambito della gestione di una crisi, sorridere è il modo più veloce per disarmare il tuo pubblico e creare una connessione con lui.

Sta a te scegliere come applicare questo strumento, basandoti sul quando, il come e il perché stai tenendo il tuo discorso.

Sorridere non costa nulla ed è al contempo in grado di regalarti una benevolenza smisurata.

Conquisterai gran parte del tuo pubblico già dalle battute iniziali. Il sorriso è un'arma. Usala.

"Il tuo sorriso è messaggero della tua benevolenza."

Dale Carnegie

27. MUOVITI CON UNO SCOPO

Non limitarti a startene fermo dietro il leggio! (a meno che non si tratti di un discorso pubblico trasmesso a livello internazionale).

Non nasconderti dietro oggetti. Non ti salveranno.

Non muoverti senza scopo. Il tuo pubblico lascerà la sala spaventato e traumatizzato.

Non girovagare né traballare. Qualcuno finirà col chiamare i paramedici.

Non mettere radici in un punto fisso. Diventerai un tutt'uno con la mobilia.

Ricorda, il tuo pubblico ha una soglia d'attenzione limitata.

Una volta ottenuta all'inizio, è necessario che tu continui a mantenere l'attenzione viva senza sosta, fino alla fine.

Devi coinvolgere i presenti facendo tutto ciò che è in tuo potere.

Usa lo spazio che hai a disposizione.

A seconda della situazione, potresti avere la possibilità di muoverti lungo una singola dimensione (un palco, per esempio), il che significherebbe poter andare a *sinistra*, al *centro* e a *destra*.

Se ti trovi in una stanza, potresti utilizzarla nella sua interezza.

Muoviti. Ma fallo sempre e solo con uno scopo ben preciso.

Muoviti verso un lato della stanza ed esprimi il concetto che vuoi comunicare.

Dopodiché, muovendoti verso un'altra direzione, puoi indicare il fatto che stai per sottolineare un punto differente.

Usare i movimenti in questo modo ti consentirà di coinvolgere il tuo pubblico, di riempire la sala e, più importante, di ottenere un supporto concreto nel conferire impatto al messaggio che stai cercando di comunicare.

Molto meglio di quegli oratori rigidi che se ne stanno fermi dietro il leggio, non trovi?

"Puoi avere idee brillanti, ma se non riesci a esternarle, non ti porteranno da nessuna parte."

Lee Iacocca

28. IL LINGUAGGIO DEI SEGNI

L'utilizzo dei gesti, se dotati di senso e scopo, è d'obbligo per comunicare il tuo messaggio.

Non sventolare le braccia come se stessi avendo le convulsioni o come se stessi tentando di catturare tre mosche in un sol colpo.

Mantieni le braccia lungo la vita.

I tuoi gesti e movimenti fanno parte del linguaggio dei segni. È dunque necessario che siano *coerenti* con il messaggio.

Dovresti muovere le mani solamente quando stai dicendo qualcosa di importante.

Se stai dicendo che qualcosa è "grande", assicurati che i tuoi movimenti rispecchino l'espressione di "grande", e non viceversa.

Ti scongiuro, non fare mai qualcosa solo perché hai visto un personaggio pubblico farlo. Mai.

Una cosiddetta *power pose* è tale unicamente per coloro che sono in grado di assumerla spontaneamente. Non è un tipo di posa che puoi mantenere per dieci minuti soltanto perché *credi* che trasudi forza!

Non solo sembrerai uno sciocco, ma darai anche l'impressione di essere *falso*.

Il tuo pubblico non desidera un falso. Vuole un oratore vero, autentico.

L'autenticità è ciò che ti consente di ottenere il rispetto del pubblico.

Vuoi apparire forte e autorevole?

Prendi in considerazione alcuni dei gesti utilizzati da presidenti e grandi oratori, fai dei tentativi per vedere quali si adattano alla tua personalità e prova a renderli parte del tuo repertorio. Potresti voler optare per il gesto della *mano a C* di Obama, o quello del *campanile* di Donald Trump.

Qualunque gesto tu scelga, l'importante è che ti si addica con naturalezza.

"Nulla impedisce di essere
naturali quanto la voglia
di sembrarlo a tutti i costi."

Francois de La Rochefoucauld

29. SII MAGNETICO

Sono irresistibili. Sono carismatici. Sono affascinanti. Sono enigmatici. Hanno un'innegabile presenza scenica.

Hanno modi accattivanti.

Richiamano l'attenzione.

Sono solo alcune delle qualità attrattive che le persone riconoscono ai grandi oratori.

Ti piacerebbe diventare più carismatico?

Ti piacerebbe avere una presenza autorevole?

E se potessi, anche tu, diventare Magnetico?

Nulla di più semplice.

Volgi lo sguardo in avanti. Stabilisci contatto visivo.

Molti commettono il clamoroso errore di guardare in basso durante i propri discorsi.

Altri ancora guardano ovunque, tranne che in direzione dell'unica cosa che conta – *il pubblico.*

Lo so, probabilmente starai pensando qualcosa come: "Ma Kevin, mi renderebbe troppo nervoso guardare un pubblico di 5, 50, 500 o 5000 persone".

Tranquillo, rilassati. Andiamo subito a rietichettare il tutto.

Non stai per parlare a cinquecento persone.

Stai per parlare ad un'unica persona, per cinquecento volte.

Suddividi mentalmente il pubblico in 6 segmenti, a seconda dell'ambiente.

Retro Sinistro	*Centro*	*Retro Destro*
Fronte Sinistro	*Centro*	*Fronte Destro*

Ogni volta che esprimi un concetto importante, guarda in direzione di uno di questi segmenti.

Meglio ancora, cerca un volto che sembra coinvolto e interessato a ciò che stai dicendo.

Guarda quella persona negli occhi e comunica il tuo messaggio.

Parla come se stessi parlando con ognuno di loro, uno ad uno.

Quando è il momento di esprimere il concetto successivo, sposta lo sguardo verso un altro segmento, scegli una persona, guardala negli occhi e procedi con l'esposizione del messaggio.

Ti troverai a passare in rassegna tutti i segmenti per diverse volte, ed ognuna di queste volte avrai sostenuto una conversazione faccia a faccia con qualcuno del pubblico.

In men che non si dica, tramite questi turni di confronto uno contro, avrai già coperto gran parte del tuo pubblico.

Benefici:

Stabilisci contatti diretti faccia a faccia.

Favorisci la formazione di ammiratori tra il pubblico.

Gestisci il tuo pubblico mediante il coinvolgimento.

Per stabilire i contatti faccia a faccia, assicurati di guardare le persone negli occhi e mantenere lo sguardo (in modo gentile e non inquietante) mentre esprimi un concetto di rilievo.

Gli occhi sono davvero *lo specchio dell'anima* e, utilizzando questo sistema in modo spontaneo, consentirai al pubblico di guardarti dentro e percepire la tua autenticità.

Ti troveranno magnetico e tu stesso riuscirai a percepirlo.

30. LA VOCE

Vuoi essere ascoltato.

Vuoi essere compreso.

Vuoi che il tuo messaggio venga comunicato con chiarezza.

La tua capacità di parlare con una voce che proietti autorità, sicurezza, entusiasmo e importanza aggiunge peso al contenuto di quanto stai dicendo.

Tuttavia, questo desiderio risulta spesso in un errore comunissimo – la tendenza a parlare a voce molto alta.

Vogliono che il proprio messaggio raggiunga il pubblico e, pensando che possa aiutarli in questo intento, *urlano*.

> "Meno si sa,
>
> più si urla."
>
> Seth Godin

Urlare il tuo messaggio non ti sarà di aiuto. Danneggerà l'udito dei presenti, distraendoli dai concetti che desideri comunicare.

Nota bene: anche parlare a voce troppo bassa farà in modo che il pubblico distolga l'attenzione. Invece di ascoltare il tuo discorso, i presenti si divertiranno a scommettere l'uno con l'altro nel tentativo di identificare le parole che stai borbottando.

Necessiti di una voce autorevole.

Necessiti di una voce chiara.

Necessiti di una voce autentica – la tua.

Avvalerti di una certa varietà vocale potrà aiutarti ad enfatizzare i punti chiave del discorso.

Gioia, tristezza, empatia, passione – tutto questo e molto altro può essere espresso semplicemente con la tua voce.

Prova a pensare alle parole che dici come se fossero tratti che delineano immagini nelle menti del tuo pubblico. Puoi aggiungere le ombre mediante la tua postura, i tuoi movimenti e i tuoi gesti. La tua voce, infine, dona colore e vita a queste immagini *(il modo in cui esprimi le parole)*.

Non appena iniziamo a lavorare insieme, dico ai miei clienti di smettere di usare la loro *voce da postura assonnata*. Sai, quella postura (e la voce che ne risulta) che si tende ad assumere alla fine di una lunga giornata di lavoro.

Quando sei distrutto e non ti andrebbe di fare nulla, salvo trascinarti dal pavimento al divano.

Al bando anche il parlato soffuso (che si avvale della sola aria presente in bocca).

Desideri e hai bisogno di una voce forte, che provenga dritta dalla tua anima.

Posiziona una mano appena sotto la gabbia toracica e percepisci l'espandersi del tuo diaframma mentre respiri profondamente. Il movimento dovrebbe far sì che la tua mano si sposti avanti e indietro (e non su e giù).

Ricordi la lezione della mamma? Fai dieci respiri profondi, e poi inizia a parlare.

Assicurati che la voce venga proiettata dal diaframma.

Potrà sembrarti strano inizialmente, ma questa è la tua *vera voce* – la tua voce autentica.

Con un po' di pratica, diventerai in grado di catturare il pubblico con la tua voce autentica.

Proferendo parole con una tale profondità, trasuderai autorità, controllo e pace.

Il tuo pubblico sarà in grado di udire e percepire una differenza notevole.

Ti presento la voce del tuo futuro.

31. VOGLIO ESSERE OBAMA

No che non vuoi (anche se è innegabile che Obama sia un oratore eccezionale)!

Ma non vuoi davvero essere lui.

E va bene. Mi prenderò la briga di spezzarti il cuore e darti la brutta notizia (è dura, ma sappi che è a fin di bene).

Non sarai *mai* Obama.

E se può farti sentire meglio – neppure Obama potrà mai essere te.

L'errore commesso da molti (riscontrabile in quelle ragazze che distruggono se stesse con la chirurgia plastica) è quello di voler essere qualcun altro.

Non puoi essere che te stesso.

Non iniziare una battaglia da cui non puoi uscire vincitore.

Il massimo che potrai mai ottenere sarà diventare "*come Obama*". Ma essere *come* qualcuno non è certo una gran cosa, non trovi?

Non puoi superare qualcuno nel suo essere se stesso.
E allo stesso modo nessuno può essere te...meglio di te.

L'unica cosa che puoi fare è divenire il miglior te stesso possibile.

Non cercare di imitare persone come Obama, bensì trai ispirazione da loro.

Sii te Stesso.

Diventa te Stesso.

32. VUOTI DI MEMORIA

E se dovessi avere un vuoto di memoria proprio mentre sei lì, sul palco, a parlare?

Niente paura. Può succedere.

"Il cervello umano comincia a funzionare alla nascita e non si ferma mai, sino a quando ti alzi per parlare in pubblico".

George Jessel

Lascia che ti consigli un paio di tecniche che ti saranno eternamente di aiuto quando ti troverai a parlare in pubblico.

a)   La prima tecnica consiste nell'utilizzo di *elementi di innesco*.

All'interno del flusso della trama del discorso, gli *elementi di innesco* ti aiuteranno a ricordare e collegare i vari punti tra loro. Puoi utilizzare una o tutte le tecniche seguenti per aiutarti a comunicare con impatto.

i)   Esprimi i concetti sotto forma di una lista (1. 2. 3. 4. 5.).

ii)   Racconta basandoti su punti di svolta decisivi (alti e bassi, che riescano a guidarti verso la scena successiva della tua storia).

iii) Usa le dita (elencando in modo fisico al fine di aiutarti a raccogliere le idee).

iv) Movimenti fisici (alcuni punti della storia e i movimenti ad essi connessi creeranno un'immagine mentale di ciò che devi dire subito dopo).

b) La seconda tecnica è quella di cui abbiamo già parlato, la ri-etichettatura.

Ri-etichetta i membri del pubblico, trasformandoli da acerrimi nemici ad amici.

Sei tra amici.

A cosa servono gli amici?

Immaginali dire, con le parole di Jerry Maguire , *"Aiutami ad aiutarti"*

Semmai dovesse capitarti di avere un vuoto di memoria e non avere la più pallida idea del perché ti trovi dove sei, *non avere paura di confessarlo* – chiedi al pubblico di aiutarti.

Io lo faccio. E vengo pagato per parlare.

Così tante volte ho detto al mio pubblico cose come: *"Sapete? Credo di essere un pesciolino rosso e di trovarmi fuori dall'acqua...perché non ho assolutamente idea di cosa stessi dicendo. Allora, dov'ero rimasto, gente?"*

Il pubblico ride (1 punto), riconosce la mia autenticità (1 punto) e partecipa attivamente al discorso ricordando a me (e a se stesso) cosa stessi dicendo (1 punto).

Ed ecco che hai preso qualcosa di cui quasi tutti sono terrorizzati e l'hai usato per trarne vantaggio.

Questo è il beneficio di vedere le persone del tuo pubblico come degli amici.

Tornando a noi, dov'è che ero rimasto? Ah, giusto! ☺

33. ARRIVA IN ANTICIPO

Dove terrai il tuo discorso?

Vai a dare un'occhiata alla sistemazione. Familiarizza con il luogo. Fa' una bella camminata nei dintorni.

Scoprirai che è incredibile quanto questa semplice mossa possa influenzare positivamente il risultato finale.

Che sia un giorno o soltanto un'ora prima, guadagnare l'accesso al luogo in cui terrai il tuo discorso, venendo a conoscenza del punto in cui dovrai posizionarti, osservando la disposizione degli elementi, prendendo dimestichezza con le dimensioni della sala/auditorium, facendo qualche controllo audio, ti sarà incredibilmente d'aiuto.

La tua mente archivierà il contesto, l'atmosfera e l'ambiente. E quando arriverà il momento di entrare in scena, percepirai la sala come un luogo familiare, sentendoti molto più a tuo agio.

Ora fai bene attenzione a cosa sto per dire.

Arrivare in anticipo ti consente di svolgere il ruolo di padrone di casa ufficioso, incontrare i partecipanti al loro ingresso, parlare con loro, arrivare al punto di dar loro del tu e costruire dunque del legami concreti.

Ciò aumenterà a dismisura la tua piacevolezza nella mente delle persone con cui interagirai.

Quando le persone ti apprezzano, si fidano di te.

Quando si fidano di te, ascoltano quel che hai da dire.

Il fatto stesso che tu ti stia prendendo il tempo per fare la loro conoscenza incrementa notevolmente le possibilità che ti apprezzino, si fidino di te e, quando sarà il momento, ti ascoltino per davvero.

"Non puoi fare un'omelette
senza rompere qualche uova."

Proverbio

34. SU MISURA

Coinvolgi il pubblico e rendilo parte integrante di quello che stai dicendo.

Così come un abito su misura, nulla è più affascinante di un messaggio costruito su misura.

Tu sarai lì, in piedi, con aria acuta e intelligente.

Il tuo messaggio riecheggerà nelle menti del pubblico, facendolo sentire in contatto diretto con te.

Devi sempre cercare di dare risposta alle seguenti domande:

1. Chi è il tuo pubblico?

2. Qual è il contesto? Si tratta di un tema scottante?

3. Perché stai parlando?

4. Quali sono le aspettative relative al tuo discorso?

Assicurati di cercare di personalizzare il tuo messaggio ogni volta che hai l'occasione di farlo.

Esempio A: Potresti ringraziare quella fetta di pubblico che ha viaggiato a lungo, venendo da lontano, per poter partecipare al lancio internazionale del tuo prodotto, dicendo: *"Come Tony Gonzales partì dal Messico per raggiungerci in Malesia, voglio ringraziare ognuno di voi che ha scelto di investire tempo ed energie pur di poter essere qui con noi oggi. Sono certo che adorerete i benefici e il profitto che voi e i vostri clienti potrete trarre dal nostro nuovo prodotto. "*

Esempio B: Poniamo che tu debba rappresentare il tuo governo e tenere un discorso durante una conferenza sull' "energia sostenibile" che ruota attorno all'utilizzo del cervello dei nostri giovani.

Arrivando in anticipo, incontrerai un gran numero di partecipanti alla conferenza, tra cui un gentiluomo sui trent'anni palesemente appassionato dell'argomento in questione, che condividerà con te alcune delle attività ideate dal suo team.

Come parte dei vari punti del tuo chiaro e ben strutturato discorso, incorporerai la conversazione avuta in precedenza in qualità di esempio reale che possa supportare la comunicazione del concetto che vuoi esprimere.

"Sono convinto che esistano incredibili quantità di energia inutilizzata provenienti da risorse naturali e, ancor più importante, dal talento che circonda tutti noi. Prendete Khalid, per esempio, che è stato così gentile da condividere con me alcune idee brillanti su cui lui e il suo team hanno lavorato nell'ultimo anno. Non solo intendo seguire lo sviluppo di tali idee ma voglio ribadire il fatto che siamo davvero circondati da talenti e opportunità. Non dobbiamo far altro che svegliarci e impegnarci a cercarli più attivamente".

Ricorda: Tutti apprezziamo essere coinvolti direttamente.

35. AFFRONTA L'ELEFANTE

Se c'è un elefante in sala, assicurati di farlo presente.

Ci sono crisi ed esuberi? Dillo.

Si stanno affrontando delle sfide? Dillo.

Sono stati commessi errori? Dillo.

Se si tratta di un giorno storicamente rilevante, parlane.

Non importa che si tratti di argomenti leggeri o di rilievo, vanno tutti affrontati.

Qualche anno fa mi trovavo in un tour di conferenze. Durante una presentazione negli Emirati Arabi, tenni un discorso inaugurale ad un gruppo. La domanda che mi fu posta appena 15 minuti dopo non aveva assolutamente nulla a che fare con il tema che avevo presentato.

Una giovane donna nelle retrovie prese il microfono e chiese: "Di dov'è il suo accento?"

Per via del mio bagaglio culturale e delle mie esperienze in giro per il mondo, si dà il caso che io abbia assunto un simpatico accento da "terra di nessuno".

Credevo fosse un aspetto minore ed insignificante. Ma mi sbagliavo.

Era un elefante che ostacolava la trasmissione del mio messaggio.

È una lezione che avevo imparato ad affrontare fin dal principio, prima di tenere il mio discorso inaugurale.

Alcuni elefanti sono più grandi di altri.

Mettiti nei panni delle persone del pubblico.

Cerca di capire cosa potrebbero pensare.

Hanno domande? Dubbi?

Non trascurare i problemi. Affrontali anticipatamente.

La società finanziaria di Warren Buffet, la Berkshire Hathaway (la cui aliquota unica generalmente supera i $100,000) usa iniziare le proprie relazioni annuali comunicando agli investitori tutto ciò che è andato storto, seguito dalle sfide e le problematiche affrontate. Dopodiché, passa a parlare dei risultati ottenuti.

Se il tuo pubblico crede che una data questione vada affrontata, tu parlane.

Se non lo farai, starai semplicemente perdendo il tuo tempo.

I presenti non ti ascolteranno.

Non riusciranno ad ascoltarti.

Perché ci sarà un elefante a frapporsi tra te e loro.

"Gli intellettuali risolvono i problemi,
i geni li prevendono."

Albert Einstein

36. L'ESERCIZIO NON È SOPRAVVALUTATO

Proprio no.

Dopo aver donato un flusso al tuo messaggio, è necessario esercitarsi ad esporlo.

Molti anni fa incontrai il signor Anthony Hopkins a Sydney. L'incredibile ed intensa presenza dimostrata da quest'uomo nei numerosi ruoli ricoperti non è certo derivata dal presentarsi sul set impreparato. Il signor Hopkins usava rivedere la storia dell'opera migliaia di volte, riuscendo così a diventare per davvero i personaggi che doveva rappresentare. Tale era la sua devozione verso l'arte del recitare e del parlare.

Sia chiaro. Non sto dicendo che ci si debba trasformare in un personaggio diverso ogni volta (anche se, a dire il vero, sarebbe ideale farlo qualora si disponga del tempo necessario); voglio soltanto che tu comprenda che un grande oratore si esercita senza sosta.

Più sei preparato, più sarai a tuo agio, sicuro di te e autorevole.

Quanto più ti sarai esercitato, tanta più familiarità avrai acquistato con il messaggio che devi comunicare.

Successivamente, potrai iniziare a concentrare le tue energie sul tentativo di esprimerti con impatto e intensità.

Tutti i concetti che ho condiviso con te per mezzo di questo libro ti aiuteranno a far pratica con estrema facilità.

Le figure politiche e i dirigenti di spicco si esercitano duramente e a lungo. Si danno da fare per trovare un po' di tempo da dedicare alla pratica tra un impegno e l'altro. Si esercitano tutto il giorno, tutta la notte, durante la pausa pranzo, durante gli incontro, mentre camminano per strada, in bagno...letteralmente ovunque. Potrebbe capitarti di vedermi camminare sui marciapiedi della tua città parlando tra me e me come un folle. Sto solo facendo pratica.

Pensa ai comici. Inventano di continuo nuovo materiale da usare per i propri sketch e lo testano esibendosi in bar locali. In tal modo riescono ad ottenere feedback chiari ed efficaci, scoprono cosa funziona e cosa no, cosa va rifinito, cosa va tagliato.

Esercitati ogni volta che puoi.

Esercitati mentalmente, fisicamente, visivamente e vocalmente.

Non puoi limitarti a leggere il testo e pensare che si tratti di esercizio. Non lo è.

Si chiama parlare in pubblico per un motivo. Devi parlare.

Nel sentirti parlare, puoi riuscire a carpire cosa dev'essere modificato, il modo in cui il contenuto scorre, le aggiunte e i tagli da effettuare. È davvero stupefacente fino a che punto sia possibile autocorreggersi tramite il semplice ascolto di se stessi.

Se hai tempo, raduna qualche amico. O forse hai un gatto ben disposto a sopportare un po' di sana sofferenza. Se proprio non trovi alternative, puoi sempre far affidamento su un innegabile e credibile strumento di feedback – lo specchio.

"Non aver paura di parlare a te stesso. Soltanto così potrai essere certo che qualcuno ti stia ascoltando."

F.P. Jones.

37. IL GIORNO DEL GIUDIZIO

Mai giudicare un libro dalla sua copertina.

Eppure, lo facciamo tutti.

Il tuo pubblico ti giudicherà, che ti piaccia o no, che te lo meriti o no.

Spetta a te guadagnare quanti più punti possibile.

Lascia che ti esponga alcuni semplici e rapidi punti *che devi assolutamente* assicurarti di portare a casa.

Ho scelto di includerli perché io stesso, ad oggi, sono ancora confuso circa il perché il senso comune sembri essere tutt'altro che comune.

1. Devi Avere un Bell'Aspetto - Forse non dovrei dirlo, ma lo farò. Vestiti bene. Vestiti per l'occasione. Entra nella parte. Se sei in dubbio, eccedi pure con l'eleganza.

2. Devi Avere un Buon Odore – Inutile dire che gli esseri umani tendono ad apprezzare chi emana un buon odore. Fatti una bella doccia prima di tenere il tuo discorso. Devi essere fresco e pulito. Un cattivo odore è spiacevole, crea disagio e distrae il pubblico.

3. Devi Sentirti a tuo Agio – Da capo a piedi, indossa solo abiti che ti consentono di sentirti comodo. Non metterti una camicia in seta da $300 se sei allergico alla seta. Non importa quando l'hai pagata né quanto splendida appaia su schermo. Vuoi avere un bell'aspetto, non vuoi essere

ricordato come quello che tentava di grattar via le pulci –
sarebbe un'inutile distrazione.

38. TEMPO SCADUTO

Il pubblico applaude – *perché non vedeva l'ora che l'oratore scendesse dal palco.*

Il pubblico non sarà affatto contento se una presentazione che sarebbe dovuta durare 30 minuti finirà col durarne 90, o se un discorso pubblico presumibilmente di 8 minuti si protrarrà per 27.

Attieniti al margine di tempo. O, meglio ancora, finisci *in anticipo.*

Nessuno si lamenta se impieghi meno del tempo stabilito.

Al contrario, il pubblico apprezzerà il fatto che tu finisca in tempo o addirittura in anticipo.

Quel che vuoi è lasciare che il tuo pubblico pensi: "*Ne voglio ancora!*"

Sia che tu ti stia esibendo in una presentazione della tua attività da *tre minuti* in un programma televisivo, dirigendo una conferenza o parlando su un palco, assicurati di rispettare il tempo a tua disposizione.

È un criterio non negoziabile per quanto concerne la tua immagine generale e i risultati ottenibili con i tuoi discorsi.

Fa' che il tuo pubblico ne voglia ancora!

"Sii sincero, sii conciso, sii rilassato."

Franklin Roosevelt

39. VISUALIZZA IL SUCCESSO

Visualizza te stesso tenere un discorso eccezionale.

Visualizza le interazioni.

Immagina il pubblico applaudire perché ha amato ascoltarti parlare.

Il tuo pubblico si è sentito coinvolto.

Ha compreso il tuo chiaro messaggio ed è stato ispirato (a seconda dello scopo del discorso) ad agire alla luce delle tue parole.

Visualizza l'interezza del processo in cui ti esibisci nel tuo discorso con impatto ed intensità dall'inizio alla fine.

Hai fatto Faville!

Ripeti la visualizzazione quante più volte puoi.

La tua mente non distingue i fatti dalla finzione.

Quando sarà il momento di entrare in azione, la tua mente inconscia dirà "Ehi, questo posto mi è familiare. Siamo già stati qui. So benissimo cosa fare. Diamoci dentro!".

> "Ci sono sempre tre diversi discorsi per ognuno di quelli che hai realmente tenuto. Quello che hai praticato, quello che hai tenuto, e quello che avresti voluto tenere."
>
> Dale Carnegie

40. ALZATI IN PIEDI. PARLA!

Persone come Martin Luther King, Winston Churchill e John F. Kennedy sono riuscite a catturare l'immaginazione del loro pubblico, della loro gente e della loro nazione.

Hanno espresso il propri concetti in modo tale da rendere memorabili sia il messaggio che se stessi.

Non importa chi tu sia o quale sia la tua posizione: anche tu puoi ottenere lo stesso risultato.

Mi permetto di menzionare questi "Grandi" perché si tratta di persone il cui punto di partenza è più che familiare a gran parte di noi.

Martin Luther King (MLK) è riuscito a risuonare nei cuori del proprio pubblico non certo tramite la mera lettura di parole. Ha dato *vita* a quelle parole, toccando i cuori e le menti delle persone.

Ma si tratta di un risultato che è stato ottenibile solo grazie alla pratica. MLK ricevette una sufficienza scarsa durante il corso di public speaking che seguì all'università.

Winston Churchill (WC) ha ispirato un'intera nazione. Molti non lo sanno, ma non era certo un oratore nato. Ha trascorso ore, giorni, settimane ad esercitarsi e rifinire i suoi discorsi.

Sappi che durante la preparazione di un discorso, le mani di WC iniziavano a sudare profusamente, e non di rado il grande oratore scoppiava in lacrime. Per non parlare della balbuzie!

John F Kennedy (JFK) ha lavorato sodo per diventare una figura simbolo dell'arte oratoria. È riuscito a raggiungere un simile traguardo grazie alla pratica, all'esercizio e all'impegno.

Le mani e le ginocchia di JFK usavano *tremare* sin dagli inizi della sua carriera.

Ciò che unisce questi Grandi Oratori è il fatto che tutti hanno dovuto impiegare del tempo per sviluppare e rifinire le proprie capacità oratorie al fine di trasformarle in una forma d'arte.

Tu puoi fare lo stesso.

Esercizio, impegno, concentrazione, conoscenza, pratica – *con costanza e continuità*.

Questo libro ti ha dato tutto ciò di cui hai bisogno per partire col piede giusto.

Non puoi che migliorare, comunicare meglio e sentirti meglio mediante le tue azioni.

Fa' sì che il tuo messaggio venga ascoltato. Parla!

"Diventa bravo al punto che gli altri non potranno fare a meno di notarti."

Steve Martin

SU UNA SCALA DA 1 A 10

COME TI SENTI RELATIVAMENTE ALLE
TUE CAPACITÀ DI PUBLIC SPEAKING?

1   2   3   4   5   6   7   8   9   10

Non molto sicuro   Perfettamente Sicuro

POSSIAMO AIUTARE TE E IL TUO GRUPPO?

Proiezione Vocale

Linguaggio del corpo

Stesura Discorsi

Formazione Capacità Comunicative

Formazione Presentazioni di Vendita

Formazione ai Discorsi Pubblici

Doti da Palcoscenico

Formazione Mediatica

Formazione tramite Affiancamento

I TIPI DI SERVIZI OFFERTI INCLUDONO

Formazione individuale per esercizi commerciali fisici

Corsi di Comunicazione Esecutiva e Leadership

Seminari di gruppo privati

Gestione delle Crisi

Consulenza in materia di Comunicazione

Per Prenotazioni:

Info@KevinAbdulrahman.com

"Lo sviluppo di eccellenti doti comunicative è assolutamente indispensabile per una leadership efficace.

Il leader deve essere in grado di condividere conoscenze e idee al fine di trasmettere senso di urgenza ed entusiasmo agli altri.

Se un leader non riesce a far passare un messaggio con chiarezza motivando gli altri ad agire sulla base di esso, allora l'esistenza stessa del messaggio smette di avere importanza."

Gilbert Amelio